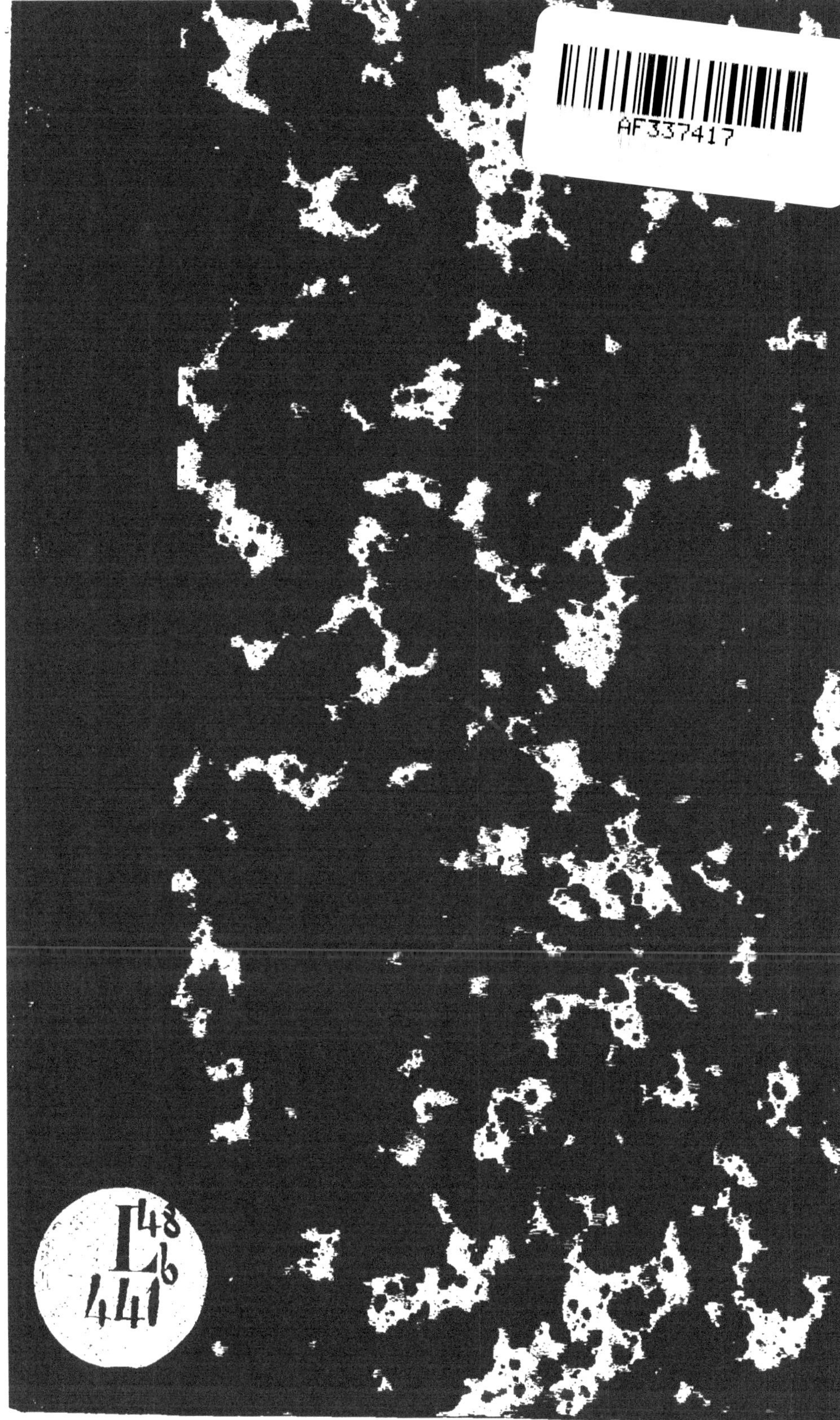
AF337417

LEÇONS

DE

LITTÉRATURE ET DE MORALE

RÉVOLUTIONNAIRES.

LEÇONS

DE

LITTÉRATURE ET DE MORALE

RÉVOLUTIONNAIRES.

PAR DEUX LIBÉRAUX.

Il n'est pas un endroit sur la terre où ils puissent se retirer en paix. Partout ils seront effrayés par les cris terribles de la vengeance qui retentissent au fond de leurs âmes ; partout ils seront inondés du sang des victimes qu'ils ont immolées et des larmes de ceux qui les pleurent.

Discours de Larivière à la Convention, contre Carnot, pag. 18.

PARIS,

ADRIEN EGRON, IMPRIMEUR-LIBRAIRE,
RUE DES NOYERS, N° 37 ;

DELAUNAY, LIBRAIRE, AU PALAIS-ROYAL.

1816.

AVERTISSEMENT.

Ce Recueil, entrepris sous le règne de la *Chambre des Représentans*, devait être publié sous ses auspices. A cette époque, les plus illustres champions de la révolution, les héros du 10 août, travaillaient à nous rendre les douces lois du Comité de Salut Public, tandis que, sur leurs pas, une foule d'athlètes encore novices s'élançaient dans l'arène de la démagogie.

Notre ouvrage, en offrant aux premiers de glorieux souvenirs, les eût engagés à ne point laisser flétrir leurs lauriers, et en mettant sous les yeux des autres une suite de morceaux aussi remarquables par les beautés du style, que par

la pureté des principes, en eût peut-être fait
les dignes rivaux de leurs prédécesseurs. Mais
le ciel, ou pour me servir d'une expression
plus *libérale*, la fatalité confond souvent les
projets des hommes. En moins d'une semaine
la tribune aux harangues a été fermée, le peuple
souverain est redevenu sujet, les lumières du
dix-neuvième siècle se sont éteintes jusque dans
les lanternes des Fédérés; et nous sommes re-
tombés sous l'aristocratie du bon sens.

Ce nouvel état de choses nous avait fait d'a-
bord abandonner notre travail, dont la publi-
cation nous semblait désormais inutile; mais en
y réfléchissant plus mûrement, nous avons senti
que, tout en changeant d'objet, il recevait des
circonstances présentes une importance réelle.
Il ne s'agissait plus, en effet, de soutenir l'énergie des vétérans de la révolution par le sou-

venir de leurs triomphes, puisque la force des événements leur avait de nouveau enlevé les rênes de l'Etat; mais au moins, en reproduisant leurs titres à l'estime de la nation, nous pouvions les venger des attaques de la calomnie, et prouver combien il est à regretter qu'on ait éloigné des fonctions publiques des hommes d'un génie si rare et d'une vertu si éprouvée.

Ne serions-nous pas coupables de ne point nous charger d'une apologie si facile? elle n'exige de notre part ni talent oratoire, ni force de dialectique Ces grands hommes plaideront leur cause pour ainsi dire eux-mêmes, puisque nous nous bornerons à présenter au public ce qu'ils ont écrit ou dit de plus remarquable, mais nous sommes certains, qu'après avoir lu des productions si vivement empreintes de cette énergie et de cette férocité républicaine qui n'appartiennent qu'aux *âmes fortement trempées*, chacun s'écriera avec nous : où peut-on trouver des citoyens plus vertueux, des administrateurs plus sages, et des magistrats plus intègres ?

LEÇONS

LEÇONS

DE

LITTÉRATURE ET DE MORALE

RÉVOLUTIONNAIRES.

NARRATIONS.

———

Triomphe de la justice nationale.

Moniteur du 16 mars 1794.

LA Justice a bientô achevé son cours dans cette ville rebelle. Il existe encore quelques complices de la révolte Lyonnaise. Nous allons les lancer sous la foudre; il faut que tout ce qui fut opposé à la République, ne présente aux yeux des Républicains que des cendres et des décombres.

C'est calomnier la nature que de croire que la masse du peuple est corrompue; elle aime la liberté : elle saisit avidement la vérité. Hier nous avons vu le peuple applaudir à tout ce qui por-

tait un caractère de sévérité ; à tout ce qui pouvait réveiller des idées fortes, terribles et tou-
chantes. Le tableau qu'offrait la Commission
révolutionnaire, suivie de deux exécuteurs de la
justice nationale, tenant en main la hache de la
mort, a excité les cris de sa *sensibilité* et de sa
reconnaissance.

. . . .

FOUCHÉ.

(Lettre à la Convention, du 21 ventose an 2).

Exploits de la Philosophie.

Moniteur du 10 septembre 1793.

Citoyens collègues, j'ai à peine le temps de vous
écrire. Je crois que tous les ci-devant comtes et
marquis sont dans ce pays. D'arrestation en arrestation, j'extirperai ce chancre, et le département mis au vif ne demandera plus que des
soins. Soixante - quatre prêtres insermentés vivaient ensemble, en une superbe maison nationale, au milieu de cette ville. J'en ai été informé ;
je les ai fait traverser aussitôt cette ville, pour
les faire enfermer en une maison d'arrêt. Cette
nouvelle espèce de monstres qu'on n'avait pas
encore exposés à la vue du peuple, a produit
ici un bon effet. Les cris de *vive la République,*

retentissaient ici à côté de ce troupeau de bêtes noires. Indiquez-moi la destination que je dois donner à ces cinq douzaines d'animaux, que j'ai fait exposer à la risée publique. . . . . . . L'esprit public s'élève chaque jour, et j'espère bientôt avoir à vous donner de *meilleures* nouvelles encore.

> André Dumont, *préfet du Pas-de-Calais, sous Napoléon.*

(Lettre à la Convention).

Continuation de la guerre au fanatisme.

Moniteur du 26 octobre 1793.

Citoyens collègues, nouvelle capture: d'infâmes bigots, des prêtres réfractaires vivaient dans un tas de foin, dans l'abbaye du Gard, leur barbe longue semblait annoncer combien leur *aristo-cratie était invétérée.* Ces trois bêtes noires, ex-moines, ont été découverts, et après eux on a trouvé un trésor en terre; trois personnes sont occupées à compter l'or, l'argent et les assignats trouvés. . . . . . . J'ai accepté, malgré ma fatigue, l'adjonction du département de l'Oise, où je vais me rendre, parce qu'en nétoyant ce dépar-tement je n'en trouverai que plus de moyens d'extirper le chancre cadavéreux de l'aristocra-

tie. Patience, et j'en découvrirai bien d'autres...
Je pars pour Beauvais, que je vais mettre au
bouillon maigre, avant de lui faire prendre mé-
decine. . . . . Bientôt l'aristocratie aux abois ne
saura où se réfugier.

ANDRÉ DUMONT.

(Lettre à la Convention).

Deuil républicain.

Moniteur du 3 nivose an 2.

Je vous annonçais, il y a quelques jours, le
crime affreux qui avait été commis en cette ville
(Amiens)..... Mes collègues ont assisté à une
fête donnée par les citoyens d'Amiens, pour la
replantation d'un nouvel arbre. Cette fête . *faite*
le jour de la décade, fut célébrée au milieu des
épanchemens de la fraternité. La cérémonie com-
mença par la translation, à la commune, du tronc
de l'arbre qu'on avait eu la scélératesse de couper.
Ce tronc était couvert d'un drap noir ; neuf cents
hommes sous les armes, et une musique de deuil
accompagnaient le cortége. Arrivés à la commune, on y déposa les restes de l'arbre, et on
en sortit un autre, avec cette inscription : *Les
citoyens d'Amiens me défendront jusqu'à la
mort.* Une musique triomphante changea tout à

coup la scène, et les airs retentirent des cris mille fois répétés *vive la Montagne!* Des chansons patriotiques furent chantées, jusqu'à ce qu'on fût parvenu au temple de la Raison, où l'on planta le nouvel arbre. La Société populaire vint inviter mes collègues et moi à jeter les premiers de la terre sur les racines de l'arbre ; on entra ensuite dans le temple, où on jura haine aux tyrans, aux intrigans, aux fanatiques. On reconnut pour divinité la liberté, pour sa doctrine l'égalité, pour ses commandemens la défense de la patrie, et pour résultat la République une et indivisible.

ANDRÉ DUMONT.

(Lettre à la Convention).

DESCRIPTIONS ET TABLEAUX

Retour de l'âge d'or.

Moniteur du 27 brumaire an 2.

. . . . Nous le jurons, le peuple sera vengé. Le sol qui fut rougi du sang des patriotes sera bouleversé· · · · · Et sur les débris de cette ville superbe et rebelle (Lyon), qui fut assez corrompue pour demander un maître, le voyageur verra avec satisfaction quelques monumens simples élevés à la mémoire des martyrs de la liberté, et des chaumières éparses que les amis de l'égalité s'empresseront de venir habiter pour y vivre heureux des bienfaits de la nature.

FOUCHÉ.

(Lettre à la Convention).

Plan de la fête du 10 août.

Moniteur du 14 juillet 1793.

. . . . Le rassemblement se fera sur l'emplacement de la Bastille ; au milieu des décombres on verra

s'élever la fontaine de la régénération, repré-
sentée par la nature ; de ses fécondes mamelles
qu'elle pressera de ses mains, jaillira avec abon-
dance l'eau pure et salutaire dont boiront tour à
tour quatre-vingt-six commissaires des envoyés
des assemblées primaires, c'est-à-dire un par département. Le plus ancien d'âge aura la préfé-
rence ; une seule et même coupe servira pour
tous. Le président de la Convention nationale,
après avoir, par une espèce de libation, arrosé
le sol de la liberté, boira le premier ; il fera
successivement passer la coupe aux commissaires
des envoyés des assemblées primaires, qui seront appelés par lettre alphabétique au son de
la caisse et de la trompette. Une salve d'artillerie,
à chaque fois qu'un commissaire aura bu, annon-
cera la consommation de l'acte de fraternité.

Le deuxième groupe sera composé par toute
la masse respectable du souverain. Ici tout s'é-
clipse, tout se confond en présence des assemblées primaires ; ici il n'y a plus de corporation,
tous les individus utiles de la société seront indis-
tinctement confondus, quoique caractérisés par
leurs marques distinctives ; ainsi l'on verra le
président du conseil exécutif provisoire, sur la
même ligne que le forgeron ; le maire avec son
écharpe, à côté du bûcheron ou du maçon ; le

juge dans son costume et avec son chapeau à
plume , auprès du tisserand ou du cordonnier ,
le noir Africain, qui ne diffère que par la cou-
leur, marchera à côté du blanc européen·····
Les intéressans élèves de l'institution des aveugles,
traînés sur un plateau roulant, offriront le spectacle touchant du malheur honoré. Vous y serez
aussi, tendres nourrissons de la maison des enfans
trouvés, portés dans de blanches barcelonnettes,
vous commencerez à jouir de vos droits civils
trop justement recouvrés. . . . .

DAVID.

DISCOURS

ET MORCEAUX ORATOIRES.

—

Petite catilinaire contre un homme de bien.

Moniteur du 15 prairial an 3^e

Il est encore un autre homme qui m'a trompé long-temps, je l'avoue : c'est Carnot. Il a aussi fait cause commune avec les chefs (du comité) que vous avez frappés. Carnot, comment as-tu pu, pendant quinze mois, ne pas t'apercevoir qu'on assassinait journellement la patrie, en proscrivant ses meilleurs citoyens ? Comment as-tu pu être assez indifférent ou assez imbécile, pour ne pas ouvrir les yeux sur les projets des cannibales avec lesquels tu te trouvais chaque jour ? Comment n'as-tu pas eu le courage de les dénoncer ? Ne pas empêcher le crime, c'est le commettre......... L'ancien Comité de Salut Public a été composé de trois partis : dans le premier, Robespierre, St.-Just et Couthon ; dans le second, Barrere, Collot, Billaud ; dans le troi-

2

sième, Prieur, Carnot, Lindet, Jean-Bon Saint-André. Ils se sont entendus, tant qu'il ne s'est agi que d'aller au but auquel ils aspiraient tous, le massacre des citoyens et l'envahissement des fortunes; mais ensuite ils ont cherché mutuellement à se perdre, pour s'emparer de la part de celui qui succomberait. Ceux qui restent ont été les plus heureux, mais ils n'en sont pas moins coupables. Il n'est pas un endroit sur la terre où ils puissent se retirer en paix; partout ils seront effrayés par les cris terribles de la vengeance qui retentissent au fond de leurs âmes; partout ils seront inondés du sang des victimes qu'ils ont impitoyablement égorgées et des larmes de ceux qui les pleurent.

HENRI LARIVIÈRE (1).

(1) En voyant figurer dans notre Recueil la déclamation du citoyen Henri Larivière, quelques lecteurs inattentifs pourraient croire que nous approuvons le projet qu'il avait formé de perdre le citoyen Carnot. Comme nous serions très-affligés qu'on se méprît à ce point sur notre manière de penser, nous déclarons ici que nous avons rapporté ce morceau, uniquement parce que nous l'avons regardé comme un hommage éclatant rendu aux vertus du citoyen Carnot, qui s'y trouve accusé pour les services mêmes qu'il a rendus à la chose publique.

La journée du 9 thermidor fut le premier pas ré-

Exhortation au régicide adressée aux Ministres.

Moniteur du 2 avril 1794.

Quelle honte pour vous, ô hommes de tous les pays, que la nature appelait à partager les

trograde de la révolution française. A peine l'*incorrup-tible* Robespierre, ce parfait modèle des patriotes purs, eut-il été immolé, que ceux qui avaient embrassé la même sévérité de doctrine, devinrent l'objet des plus vives persécutions. Billaud-Varennes et Collot-d'Her-bois, dont le souvenir réveille de si *douces* émotions dans les âmes républicaines, furent les premières vic-times que la faction des *modérés* désigna à la hache des bourreaux. L'*incorruptible* Carnot qui leur était attaché par l'amitié la plus tendre, et la conformité de ses principes, ne les abandonna pas dans cet instant périlleux; il déclara qu'il faisait cause commune avec ces hommes respectables, et qu'il était solidaire dans toutes les imputations qu'on dirigerait contre eux. Cette conduite, qui lui était dictée par sa générosité naturelle, était en même temps d'accord avec son in-térêt bien entendu : car lorsque *les honnétes gens* sont persécutés, ils succombent l'un après l'autre s'ils ne se réunissent pour faire tête à l'orage. Mais ses efforts fu-rent inutiles, il ne put arracher à la mort ses deux il-lustres collègues.

Enhardis par leurs succès, les anti-patriotes n'hési-tèrent pas à l'accuser lui-même, et Larivière se char-

bienfaits de la liberté ! Vous qui, au lieu d'é-
couter la sagesse éternelle, qui du haut des

gea d'être l'un des instrumens de leur rage. Hélas !
dans ces temps malheureux, où l'on était réduit à se
justifier du bien qu'on avait fait, comment Carnot pou-
vait-il espérer de dissimuler l'éclat de sa gloire ? Etait-
il en France un seul homme qui ignorât avec quelle
énergie et quelle activité il avait coopéré à ce que l'in-
génieux Collot appelait la *transpiration du corps politique ?* Aussi, les moyens de défense auxquels il eut
recours dans cette circonstance, se trouvaient-ils pa-
ralysés par la notoriété de ses vertus. Nous allons mettre nos lecteurs à même d'en juger.

Il prétendit qu'il n'avait fait périr personne, ni ordonné aucune arrestation, tandis que les départemens
de Vaucluse et du Pas-de-Calais fumaient encore du
sang odieux de plusieurs milliers d'aristocrates, dont
ces départemens avaient été purgés par ses ordres ;
tandis que les prisons de Paris étaient encore remplies
de *riches*, de *nobles*, et d'autres conspirateurs, qu'il
avait traduits au tribunal révolutionnaire.

Pressé sur le fait de sa signature apposée à une
foule d'actes du Comité de Salut Public, dont il était
membre, il répondit qu'il les avait signés de *confiance*,
attendu que la guerre étant la seule partie dont il s'occupait, il se reposait pour le reste sur ses collègues.
Cette allégation, si invraisemblable, qui prouve seulement que le génie lui-même ne peut lutter contre la
force de l'évidence, n'eut pas le moindre succès. En
effet, qui aurait pu s'imaginer que le citoyen Carnot

montagues, proclame l'égalité, avez fourni de nouvelles ténèbres à l'ignorance ! Eh bien, vos

eût ignoré que la foule des victimes immolées journellement sur l'autel de la liberté, l'étaient par suite des ordres du Comité de Salut Public, et que sachant que les actes de ce comité étaient des arrêts de mort, il les eût néanmoins signés, sans s'être assuré que ces arrêts étaient justes ? D'ailleurs, il ne lui était plus permis de prétexter cause d'ignorance, puisque précédemment, en défendant Collot-d'Herbois et Billaud-Varennes, il avait fait une déclaration ainsi conçue : « Il est certain que j'ai assisté à toutes les délibérations, « et il est faux que j'aie été, comme on l'a dit, relégué « dans mon bureau. » Il était donc parfaitement instruit des mesures prises par le Comité. Ajoutez à cela, qu'il était démontré, par des faits précis et avérés, que sa signature n'était pas, ainsi qu'il le prétendait, un simple visa. Voici quels étaient ces faits :

1° Les actes du Comité de Salut Public n'étaient jamais signés par la totalité des membres, mais seulement par ceux qui avaient été chargés d'examiner et de régler les affaires qui faisaient l'objet de chacun de ces actes. Si la signature n'eût été qu'une formalité de *visa*, cette formalité n'eût pas été remplie plutôt par un membre que par un autre ; tous y auraient été égalelement assujétis.

2° Il est prouvé que Carnot, cet homme universel, ne s'occupait pas exclusivement de la partie de la guerre, puisque plusieurs pièces émanées du Comité de Salut Public sont signées par lui en qualité de *membre chargé de la correspondance*. De ce nombre sont deux let-

propres crimes seront votre punition. Vous êtes condamnés pour plusieurs siècles à dire *mon maître* à votre égal, à vous rouler devant lui dans la poussière. La dévastation retombera sur vous, et vos malheurs dureront aussi long-temps que vous n'aurez pas lavé tant d'outrages

tres à Joseph Lebon, insérées dans notre Recueil. On sait que la partie de la correspondance ne se confiait qu'aux patriotes transcendans.

3° L'institution de la commission populaire d'Orange est une de ses conceptions. C'est lui qui a signé et ré-digé les instructions qui furent envoyées à cet aréo-page sansculottique. Il est inutile de rappeler tous les services rendus à la liberté par cette commission; c'est la louer suffisamment que de dire qu'elle com-mençait à éclipser le tribunal révolutionnaire de Paris.

Ainsi, les persécuteurs du moderne Caton n'eurent point de peine à soulever le voile dont il essayait de couvrir ses travaux républicains, et les efforts énergi-ques qu'il avait faits pour exterminer les *antagonistes de l'égalité*. On devait s'attendre naturellement à ce qu'il subirait le sort auquel Collot-d'Herbois et Bil-laud-Varennes n'avaient pu se soustraire. Mais soit que le bon génie de la France l'ait protégé, ou bien comme on le pense assez généralement, que ce grand homme ait racheté sa vie en distribuant à ses ennemis les dépouilles conquises sur les royalistes et les aris-tocrates, la faux de la mort respecta sa tête sacrée, et la Convention se borna à l'expulser de son sein.

faits à l'humanité dans le sang des brigands féroces que vous appelez *vos souverains.*

CARNOT.

Un Jacobin citoyen à un soldat jacobin.

Moniteur du 28 prairial an 2.

Citoyen,

Tous ceux qui combattent pour la liberté sont nos frères : ils sont jacobins. Nous avons une destinée différente de la tienne, mais également glorieuse, puisque nous combattons pour la même cause, pour la liberté de notre pays. Tandis que tu vas mourir sous le plomb empoisonné de la tyrannie, nous bravons les poignards des lâches assassins qu'elle soudoie. Frappe sans pitié, citoyen, tout ce qui tient à la monarchie; ne dépose ton fusil que sur la tombe de tous nos ennemis : c'est le conseil de *l'humanité.* Nos coups répondront aux tiens, nous mêlerons ensemble les lauriers de nos victoires, nous en formerons une chaîne indissoluble autour de la statue de la liberté.

FOUCHÉ.

Projet d'embellissement pour Lyon par un grand architecte.

Moniteur du 22 octobre 1792.

Le Comité a dit, *les traîtres doivent être pris, leur punition doit être prompte ; il faut que les habitans de Lyon soient désarmés.....* Mais laisserez-vous subsister une ville qui, par sa rébellion, a fait couler le sang des patriotes ? Qui osera réclamer votre indulgence pour une ville rebelle ? Ce n'est pas une ville, celle qui est habitée par des conspirateurs, elle doit être ensevelie sous ses ruines..... Le nom de Lyon ne doit plus exister. Vous l'appellerez *Ville-Affranchie*, et sur les ruines de cette infâme cité, il sera élevé un monument qui sera l'honneur de la Convention, et qui attestera le crime et la punition des ennemis de la liberté. Ce seul mot dira tout : *Lyon fit la guerre à la liberté, Lyon n'est plus.* Telle est la leçon que vous pouvez donner aujourd'hui et qui est nécessaire pour prévenir d'autres rébellions de ce genre......

BARRERE,
Représentant sous Napoléon.

Evangile selon saint Grégoire , prêché aux Savoyards.

Moniteur du 23 octobr e9 .

Depuis l'origine des sociétés, les rois sont en révolte ouverte contre les nations ; mais les nations commencent à se lever en masse contre les rois..... Semblables à la poudre , plus la liberté fut comprimée , plus son explosion sera terrible. Cette explosion (1) va se faire dans les deux mondes, et renverser les trônes qui s'abîmeront dans la souveraineté des peuples........ La majeure partie du genre humain n'est esclave , disait un philosophe , que parce qu'elle ne sait pas dire *non ;* estimables Savoyards , vous avez dit *non.......* Dès ce moment, vous avez fait votre entrée dans l'univers...... Les despotes de l'Europe assemblent de nouvelles phalanges , pour faire la guerre au printemps........ Les efforts des rois sont le testament de la royauté....... Les statues des Capet ont roulé dans la poussière, elles se

(1) Cette prophétie est sans doute tirée des Saintes Ecritures ; ce qui nous porte à le penser, c'est que M. Grégoire prétendait avoir découvert dans l'Evangile, que J.-C. avait prédit les Jacobins. (*V. Moniteur* du 2 brumaire an 2).

changent en canons pour les foudroyer, s'ils osaient relever leurs têtes pour lutter contre les nations........ La liberté ne périra chez nous que lorsqu'il n'y aura plus de Français. *Périssent plutôt tous les français* que d'en voir un seul esclave!........ Dans les Français, vous trouverez toujours des frères, et tous les hommes ne sont-ils pas frères? Celui qui parcourt les régions lointaines, peut-il rencontrer un homme sans être en famille?

GRÉGOIRE,

Ex-Evêque, Pair, sous Napoléon.

Hommage rendu aux mânes de Marat, par l'amitié.

Moniteur du 26 brumaire an 2.

Citoyens,

Le peuple redemandait son ami; sa voix désolée se faisait entendre, il provoquait mon art, il voulait revoir les traits de son ami fidèle. David, saisis tes pinceaux, s'écriait-il, venge notre ami, venge Marat; que ses ennemis vaincus pâlissent encore en voyant ses traits défigurés; réduis-les à envier le sort de celui, que n'ayant pu corrompre, ils ont eu la lâcheté de faire assassiner. J'ai entendu la voix du peuple, j'ai obéi :

accourez tous, la mère, la veuve, l'orphelin, le soldat opprimé, vous tous qu'il a défendus au péril de sa vie ! approchez et contemplez votre ami. Celui qui vivait pour nous n'est plus ! Sa plume, la terreur du traître, sa plume échappe de ses mains ! ô désespoir ! notre infatigable ami est mort ! il est mort, votre ami, en vous donnant son dernier morceau de pain ! Il est mort sans avoir eu de quoi se faire enterrer ! Postérité, tu le vengeras, tu diras à nos neveux, combien il eût pu posséder de richesses, s'il n'eût préféré la vertu à la fortune. Humanité, tu diras à ceux qui l'appellent *buveur de sang*, que jamais ton enfant chéri ne t'a fait verser de larmes........... C'est à vous, mes collègues, que j'offre l'hommage de mes pinceaux ; vos regards en parcourant les traits livides et ensanglantés de Marat, vous rappelleront ses vertus, qui ne doivent jamais cesser d'être les vôtres.......... Je vote pour Marat les honneurs du Panthéon.

DAVID.

Les Brutus parisiens.

Moniteur du 5 frimaire an 2.

On admet à la barre de la Convention une députation de la section des Tuileries, composée des pères et mères des volontaires du onzième bataillon de la première réquisition, qui viennent demander le supplice de leurs enfans, coupables d'avoir chanté : ô Richard, ô mon roi.

Thuriot s'écrie :

Citoyens, nous ne pouvons nous le dissimuler, jamais image ne fut plus grande, plus digne d'un peuple républicain! Non les annales de l'histoire ne contiennent rien de comparable à la scène touchante qui vient de se passer dans cette assemblée. Brutus était, par sa place, obligé de condamner ses fils au supplice, mais ici des pères de famille forment volontairement un jury national pour juger leurs enfans. Concevez à quel période est porté l'amour de la patrie, et quel homme ne tressaillera pas d'admiration, lorsqu'il saura que des pères, non pas à la preuve mais à l'aspect de la trahison, se sont levés pour demander vengeance contre leurs fils?......
Quel que soit le décret de la Convention, don-

nons à ces citoyens un temoignage éclatant de notre estime; sans doute ils sont nécessairement vertueux les hommes qui viennent vous dire : *nos enfans paraissent coupables, nous demandons vengeance contre eux.* Je demande que la Convention décrète que ces citoyens ont bienmérité de la patrie.

THURIOT,
Procureur impérial, sous Napoléon.

———

Vœu de la Halle aux Bleds.

Moniteur du 25 nivose an 3.

La République démocratique ou la mort. Guerre éternelle, guerre à mort aux royalistes... Dans Paris, dans toutes les villes, dans toutes les campagnes, dans les armées de terre, sur les mers, la France entière se levant, jurera sur le cadave du dernier tyran, la République démocratique ou la mort. Continuez, Législateurs, n'écoutez que les principes, ne vous attachez qu'au peuple...... Législateurs, nous combattons depuis long-temps pour la liberté. Pour l'obtenir plus promptement, plus sûrement, nous vous avons rendus dépositaires d'immenses pouvoirs. Dans d'autres mains, ils alar-

meraient la liberté ; dans les vôtres ils nous en
promettent bien toutes les jouissances. Parlez,
vous pouvez tout, souvenez-vous que vous avez
notre confiance, notre force, et que nous
sommes Français.

RÉAL, *Orateur de la députation,*
préfet de police sous Napoléon.

Adresse des Officiers de l'armée d'Italie au Directoire.

Moniteur du 27 germinal au 6.

Citoyens directeurs, la calomnie pourrait dé-
naturer, par des rapports mensongers, les mo-
tifs qui ont donné lieu à l'assemblée générale et
volontaire des officiers de tous les corps de l'armée de Rome. Notre honneur exige donc que,
par un exposé fidèle et exact, nous vous con-
vainquions de la pureté de nos vues. Trois
causes importantes ont motivé cette assemblée :
l'honneur, le besoin et l'apparition inopinée du
général Masséna, pour commander en chef l'armée. La nécessité nous prescrivit cette démarche
décisive pour prévenir une insurrection parmi
les troupes ; aussi le soldat resta paisible au
milieu de nos délibérations. La première cause

est l'honneur, qu'une troupe de brigands qui, sans doute, ont surpris la confiance de la nation, cherche à nous enlever. Ces hommes se portent dans les plus riches maisons de Rome, enlèvent l'or, l'argent, les bijoux, les chevaux, sans donner de reçus. La deuxième cause est la misère dans laquelle se trouvent le soldat et l'officier. La troisième cause est le mécontentement général que l'armée a éprouvé à l'arrivée du général Masséna ; elle n'a point oublié les brigandages et les extorsions qu'il a exercés sur les habitans du pays où il commandait. Le territoire Vénitien, et surtout Padoue, est un champ fertile, où l'on peut rassembler les preuves les plus nombreuses de son immoralité··············

······································

Il fut envoyé des députés de chaqu· corps au Capitole, où ils pouvaient s'assembler avec sûreté. La première chose qu'ils firent fut de rédiger deux circulaires qu'ils envoyèrent par une députation aux généraux Berthier et Masséna, en priant le premier de reprendre le commandement de l'armée. On déclarait au second que l'armée était singulièrement mécontente de sa conduite, qu'elle ne le *voulait en aucune manière* pour général·····················

Réflexions sur les abus qui ont suivi le 9 thermidor.

Moniteur du 1 o fructidor au

Depuis quelque temps, les vrais défenseurs du peuple gémissaient sur ce qui s'est passé ; on dit que nous n'avons abattu le tyran que pour ouvrir les prisons à l'aristocratie, et malheureusement, il est certain que beaucoup d'aristocrates ont été remis en liberté. Un pareil malheur ne serait pas arrivé si l'on eût écouté la motion des Montagnards intrépides, de faire imprimer la liste de ceux qui seront élargis et de ceux qui les auront fait sortir.

Si la vérité, la justice, les vertus étaient bannies de dessus la surface de la terre, c'est aux Jacobins qu'il faudrait recourir pour les retrouver. Depuis que le décret salutaire qui ordonnait la formation de ces listes, a été rapporté, l'aristocratie et le modérantisme triomphent....... Les Montagnards s'indignent de ces abus, bientôt ils pourront se réveiller ; mais qu'on prenne garde que ce réveil ne soit celui du lion. Le peuple est là pour les défendre, et les Jacobins sont dans le sanctuaire. Je ne crois pas que ce soit au Comité de Sûreté Générale, mais à la Convention elle-même, que nous devions envoyer une députation : vous irez, lui direz la vérité avec énergie, lui présenterez vos inquiétudes sur le système de clémence ; vous lui direz à la barre : « veut-on encore donner des fers à la France ? la révolution est elle finie pour que l'on accorde une amnistie aux aristocrates ?..... Nous vous demandons le maintien du décret qui ordonne la formation de la liste de ceux qui sont mis en liberté ; qu'on ne dise pas que nous voulons ramener le système de terreur qui a été détruit. Nous ne voulons point de terreur permanente (1); mais nous demandons la justice : point de clémence ni d'humanité envers les ennemis du peuple. »

Mallarmé, commissaire extraordinaire
sous la Chambre des représentans.

(Discours aux Jacobins).

(1) Quoi qu'en dise ce généreux Jacobin, nous sommes persuadés qu'il désirait au fond du cœur le retour de la *salutaire* terreur, car elle eût été pour lui un moyen d'imposer silence aux partisans du modérantisme envieux de son mérite ; témoins de ses exploits dans le département de la Meuse, ils eurent la lâcheté de faire paraître la dénonciation suivante contre lui : ils l'accusaient 1° d'avoir fait des proclamations qui ne respiraient que le sang ; 2° d'avoir fait périr un grand nombre d'innocens ;

3

Plan d'une épuration.

Moniteur du 20 germinal an 2.

Si nous nous purgeons, c'est pour avoir le droit de purger la France; nous ne laisserons aucun corps hétérogene dans la république; les. ennemis de la liberté doivent trembler, car la massue de la liberté est levée; ce sera la Convention qui la lancera. Nos ennemis ne sont pas aussi nombreux qu'on veut bien le croire; bientôt ils seront mis en évidence, et ils paraîtront sur le théâtre de la guillotine. On dit que nous voulons détruire la Convention : non, elle restera in-

3° d'avoir arraché aux femmes et aux filles les croix d'or ou d'argent qu'elles portaient, sous prétexte que c'était des signes de fanatisme; 4° d'avoir mis en réquisition ce qui lui plaisait pour sa table et pour ses autres besoins; 5° de n'avoir jamais payé, pas même les chevaux de poste ni les postillons qui le conduisaient; 6° d'avoir créé des tribunaux composés d'assassins; 7° d'avoir dit, dans un discours imprimé, que la majorité des Français était mauvaise, et que la minorité seule était bonne.

Cette dénonciation, qui le fit chasser de la Convention, ne le rendit que plus précieux à celle que nous avons vu régner il y a quelques mois : elle le jugea digne de remplir les fonctions de commissaire extraordinaire dans un de nos départemens.

tacte; mais nous voulons élaguer de ce grand arbre, les branches mortes. Les grandes mesures que nous prenons ressemblent à des coups de vent, qui font tomber les fruits véreux et laissent à l'arbre les bons fruits; après cela vous pourrez cueillir ceux qui resteront, ils seront mûrs et pleins de saveur; ils porteront la vie dans la république. Que m'importe que les branches soient nombreuses, si elles sont cariées! il vaut mieux qu'il en reste un plus petit nombre, pourvu qu'elles soient vertes et vigoureuses.

GARNIER DE SAINTES, représentant sous Napoléon.

(Discours aux Jacobins).

Les inconvéniens de la pitié.

Moniteur du 5 vendémiaire an 3.

Citoyens, on veut, on prétend anéantir les Jacobins, c'est-à-dire les républicains, et par suite nécessaire, la république elle-même. On attaque la république dès l'instant qu'on attaque l'égalité...... Les Girondins voulaient aussi la liberté comme à Lacédémone et à Rome, c'est-à-dire la liberté subordonnée à l'aristocratie des talens, des richesses et de l'orgueil. Ils consentaient volontiers, les Girondins, à accorder une portion de liberté aux autres, pourvu toutefois qu'ils fussent eux-mêmes au-dessus de tous, et que leur liberté fût illimitée...... Je vous interpelle, vous tous qui avez l'audace d'attaquer les patriotes; je vous somme de nous rendre compte de votre conduite, en présence du peuple.

'Tandis que vous partagez les repas somptueux des riches, des aristocrates qui doivent leur liberté à votre protection, que font les Jacobins? ils vivent en commun avec les sans-culottes; ils partagent avec eux l'humble réduit, le dîner frugal des hommes égaux et vertueux. Venez nous combattre avec votre liberté indéfinie de la presse; c'est avec notre mâle courage, notre probité sévère, notre austérité de mœurs que nous vous répondrons. Les traits empoisonnés que lance la calomnie, s'émoussent contre l'égide de la vertu.... Soyez fiers de votre probité, osez vous enorgueillir de votre partriostime, de votre républicanisme; attachez-vous aux sévères montagnards.... couvrez de vos corps la Convention tout entière; forcez-la à vous investir de la confiance dont le peuple vous honore, et que les méchants seuls peuvent entreprendre de vous ravir. Ne nous abusons pas, le système de fausse et *cruelle clémence* qu'on met en avant, n'annonce que trop que l'on conspire en secret contre les meilleurs citoyens; déjà les victimes sont désignées, et l'on n'attend que le moment du sacrifice ; mais quels sont donc ces hommes qui nous prêchent cet *affreux modérantisme, cette pitié meurtrière* !....

GARNIER DE SAINTES, représentant sous Napoléon.

(Discours aux Jacobins).

Le Prophète Corse.

Moniteur du 30 germinal an 7.

Habitans du Caire,

Des hommes pervers avaient égaré une partie d'entre vous ; ils ont péri, dieu a ordonné d'être miséricordieux pour le peuple. J'ai été fâché contre vous de votre révolte ; je vous ai privés, pendant deux mois, de votre divan ; mais aujourd'hui je vous le restitue : votre bonne conduite a effacé la tache de votre révolte. Schérifs, ulémas, orateurs des mosquées, faites bien connaître au peuple que ceux qui, de gaieté de cœur, se déclareront mes ennemis, n'auront de refuge, ni dans ce monde ni dans l'autre. Y aura-t-il un homme assez aveugle pour ne pas voir que le destin dirige toutes mes opérations? Y aurait-il quelqu'un assez incrédule pour révoquer en doute que tout, dans ce vaste univers, est soumis à l'empire du destin?

Faites connaître au peuple que depuis que le monde existe, il était écrit qu'après avoir détruit les ennemis de l'islamisme, fait abattre les croix, je viendrais du fond de l'occident remplir la tâche qui m'a été imposée. Faites voir au peuple que, dans le saint livre du Koran, dans plus de vingt passages, ce qui arrive a été prévu, et ce qui arrivera a été également expliqué. Que ceux donc que la crainte seule de nos armes empêche de nous maudire, changent de sentimens; car en fesant au ciel des vœux contre nous, ils sollicitent leur condamnation. Que les vrais croyans fassent des vœux pour la prospérité de nos armes; je pourrais demander compte à chacun de vous des sentimens les plus secrets de son cœur; car je sais tout, même ce que vous n'avez dit à personne; mais un jour viendra que tout le monde verra avec évidence que je suis conduit par des ordres supérieurs et que tous les efforts humains ne peuvent rien contre moi. Heureux ceux qui, de bonne foi, seront les premiers à se mettre avec moi!

BONAPARTE.

(Proclamation aux habitans du Caire.)

Promesses d'un général à ses soldats.

Moniteur du 2 prairial an 6.

Officiers et soldats,

Il y a deux ans que je vins vous commander : à cette époque, vous étiez dans la rivière de Gênes, dans la plus grande misère, manquant de tout, ayant sacrifié jusqu'à vos montres pour votre subsistance réciproque. Je vous promis de faire cesser vos misères ; je vous conduisis en Italie : *là tout vous fut accordé.* Ne vous ai-je pas tenu parole ?

Eh bien ! apprenez que vous n'avez pas encore assez fait pour la patrie et que la patrie *n'a pas encore assez fait pour vous.*

Je vais actuellement vous mener dans un pays, où, par vos exploits futurs, vous surpasserez ceux qui étonnent aujourd'hui vos admirateurs, et vous rendrez à la patrie les services qu'elle a droit d'attendre d'une armée d'invincibles.

Je promets à chaque soldat, qu'au retour de cette expédition, il aura à sa disposition *de quoi acheter six arpens de terre.*

BONAPARTE.

(Proclamation à l'armée d'Egypte.)

PHILOSOPHIE

MORALE ET PRATIQUE.

Morale républicaine.

(Rapport de la Commission des vingt-un
sur les complices de Robespierre).

Tout est permis pour ceux qui agissent dans
le sens de la révolution..... Il n'y a d'autre dan-
ger pour le républicain que de rester en arrière
des lois de la république ; quiconque les prévient,
les devance. Quiconque même outrepasse en
apparence le but , souvent n'y est pas arrivé.

Aucune considération ne doit arrêter ; ni l'âge,
ni le sexe , ni la parenté ne doivent retenir ;
qu'on ne respecte que les Sans-Culottes.

Agissez donc en grand ; prenez tout ce qu'un
citoyen a d'inutile, car le superflu est une violation évidente et gratuite des droits du peuple.
Tout homme qui a au-delà de ses besoins, ne
peut pas user, il ne peut qu'abuser ; ainsi, en

lui laissant ce qui lui est strictement nécessaire, tout le reste appartient à la république et à ses membres infortunés.

Il y a des gens qui ont des amas ridicules de draps, de chemises, de serviettes, de souliers; tous ces objets et autres semblables, sont la matière des réquisitions révolutionnaires.

Citoyens, on n'a ni pu ni prétendu tout vous dire; il est des choses qu'on ne peut qu'indiquer, mais qui sont saisies par l'œil pénétrant du patriostime, et dont il sait bien faire son profit.

FOUCHÉ.

(Extrait d'une instruction aux
   Jacobins de l'Isère).

Devoirs d'un Magistrat.

(Rapport de la Commission des vingt-un,
   sur les complices de Robespierre.

..... Les ennemis de la révolution sont tous ceux qui, par quelques moyens que ce soit et de quelques dehors qu'ils se soient couverts, ont cherché à contrarier la marche de la révolution et à empêcher l'affermissement de la république.

La peine due à ce crime est la mort; la preuve requise pour la condamnation sont tous les renseignemens de quelque nature qu'ils soient, qui peuvent convaincre un homme raisonnable et ami de la liberté.

La règle des jugemens est la conscience du juge, éclairée par l'amour de la justice et de la patrie; leur but, le salut public et la ruine des ennemis de la patrie.

Les membres de la commission auront sans cesse les yeux sur ce grand intérêt; ils lui sacrifieront toutes les considérations particulières.

Ils vivront dans cet isolement salutaire qui est le plus sûr garant de l'intégrité des juges, et qui, par cela même, leur concilie la confiance et le respect. Ils repousseront toutes sollicitations dangereuses. Ils fuieront toutes les sociétés et toutes les liaisons particulières qui peuvent affaiblir l'énergie des défenseurs de la liberté et influencer la conscience des juges.

Ils n'oublieront pas qu'ils exercent le plus respectable ministère, et que la récompense de leur vertu sera le triomphe de la république, le bonheur de la patrie et l'estime de leurs concitoyens.

CARNOT.

(Instruction adressée à la Commission
populaire d'Orange, le 21 floréal an 2.)

Philantropie épiscopale.

Moniteur du 7 juin 1792.

Une femme noire est à la barre de la Convention, appuyée sur des pétitionnaires dont l'un déclare qu'elle a 114 ans ; l'assemblée rend un hommage respectueux à la vieillesse en se levant tout entière. Grégoire prend la parole :

Le respect pour la vieillesse est une vertu qui, mère de toutes les autres, ne vous est point étrangère.....J'ai une demande à soumettre à votre humanité et à votre philosophie: il existe encore une *aristocratie, celle de la peau;* plus grands que vos prédécesseurs , dont les décrets l'ont pour ainsi dire consacrée, vous la ferez disparaître.

Grégoire.

Principes d'un homme qui n'était pas encore archi-chancelier.

Moniteur du 21 vendémiaire an 5.

Français , les héritiers des crimes de Robespierre et de tous les conspirateurs s'agitent en

tous sens..... Ils proclament les principes, ils se
parent de sentimens qu'ils n'ont pas ; ils se disent
les amis du peuple, et ils ne le sont que de la
domination ; ils ne parlent que des droits du
peuple, et ne cherchent qu'à les lui ravir. Français, vous ne vous laisserez plus prendre à ces
insinuations mensongères ; instruits par l'expé-
rience, vous ne vous laisserez plus tromper, le
mal vous a enseigné le remède..... Rendus à
votre première énergie ; vous ne souffrirez plus
que quelques individus en imposent à votre raison, et vous n'oublierez plus que le plus grand
malheur d'un peuple est celui d'une tourmente
continuelle..... Soyez inexorables pour l'immoralité. *L'homme immoral doit être rejeté de
la société, comme un élément dangereux,
corruptible par sa nature et toujours prêt à
se rallier au parti des conspirateurs......*
Ne confondez pas avec ceux qui ont défendu la
cause de la patrie, ceux pour qui l'agitation est
un besoin et le désordre un moyen de fortune..
Vos représentans éloigneront ces hommes perfides qui ne parlent des droits du peuple que
pour s'en réserver exclusivement l'exercice.....
Les propriétés doivent être sacrées ; loin de nous
ces systèmes dictés par l'immoralité et la paresse,
qui atténuent l'horreur du larcin et l'érigent en

doctrine. Fuyez ces patriotes exclusifs, ces hommes enrichis par la révolution, qui redoutent l'action de la justice et qui comptent trouver leur salut dans la confusion et *l'anarchie.*

CAMBACÉRÈS.

(Projet d'adresse aux Français).

Décret vraiment philosophique, rendu à Lyon, pour la cuisson du pain des hommes libres.

Moniteur du 6 frimaire an 2.

La richesse et la pauvreté devant également disparaître du régime de l'égalité, il ne sera plus composé un pain de fleur de farine pour le riche et un pain de son pour le pauvre.

Tous les boulangers seront tenus, sous peine d'incarcération, de faire une seule et bonne espèce de pain ; *le pain de l'égalité.*

FOUCHÉ.

Bel éloge des Jacobins.

Moniteur du 29 floréal an 2.

Il est digne d'une société qui remplit le monde de sa renommée, qui jouit d'une si grande influence sur l'opinion publique, qui s'associa dans tous les temps à tout ce qu'il y eut de plus courageux parmi les défenseurs de la patrie, de venir dans le temple des lois rendre hommage à l'être suprême..... En partageant cette doctrine avec la Convention nationale, vous répondrez à toutes les calomnies que le fiel aristocratique s'efforce, depuis le premier jour de la révolution, de répandre contre vous.

CARNOT, à une députation
de Jacobins.

MORCEAUX DE RAISONNEMENT.

Couronnes décernées aux braves du 2 septembre, dans une séance des Jacobins.

Moniteur du 18 octobre 1792.

Vous devez aimer la liberté dans toute sa latitude, car vous êtes libres. J'avais une opinion politique et révolutionnaire sur les événemens du 2 septembre : « cette journée, disais-je, dont il faudrait ne plus parler, car il ne faut pas faire le procès à la révolution, présente *aux yeux de l'homme vulgaire* un crime ; car il y a eu violation des lois ; mais aux yeux de l'homme d'état, elle présente deux grands effets ; 1°. de faire disparaître des conspirateurs que le glaive de la loi ne peut atteindre. 2°. D'anéantir tous les projets désastreux enfantés par l'hydre du royalisme et de l'aristocratie. » Voilà ce que je devais dire, voilà ce que j'ai dit (1) : « Il faut craindre les dictateurs, les triumvirs, lorsqu'on a des hommes comme César, Cromwell, qui ont un sénat à leurs ordres, des armées, des trésors à leur dis-

(1) Dans un discours prononcé à la Convention nationale.

position; mais que peut-on craindre d'hommes
obscurs qui n'ont paru qu'un moment, *et dont
les couronnes sont mêlées de cyprès*?...Jugez
citoyens. Que vous a dit Collot - d'Herbois?
« Nous gémissons, nous déplorons les malheurs
du 2 septembre. » moi, j'ai dit la même chose
d'une autre manière, en mettant *des cyprès
dans les couronnes*.

BARRÈRE, représentant
sous Napoléon.

---

*Défense de deux honnêtes citoyens, Collot
d'Herbois, et Billaud de Varennes.*

Moniteur du 7 germinal an 7.

Lorsque les délits imputés peuvent avoir été le
produit d'une âme exaltée, du délire même de la
liberté, ou les effets, peut-être, d'un torrent de
circonstances qui n'ont pu être maîtrisées, je
dis qu'il est de la grandeur du peuple, d'absou-
dre les coupables, de pardonner des excès qui
n'ont été commis que pour le mieux servir; et
si, par un respect religieux pour les lois qu'il
s'est données, il croyait devoir les frapper, ce
serait *comme Manlius Torquatus, donnant
la mort à son fils, pour avoir combattu et
vaincu contre ses ordres.*

CARNOT.

*Boutade contre les abus de la presse, par
un homme qui n'en a jamais abusé.*

Moniteur du 7 germinal an 3.

A Dieu ne plaise que je veuille attaquer la
liberté de la presse! Je connais ses abus, et j'ai
ressenti les maux individuels qu'elle a produits;
mais je me garderai de porter atteinte à ce pal-
ladium de la liberté. Cependant il faut convenir que plus la chose est bonne en elle-même,
plus ceux qui la prostituent sont criminels. *Malheur à qui change en poison ce qui devrait
être un aliment salutaire;* malheur à qui érige
en vertu tantôt la calomnie, tantôt la flatterie,
suivant ses intérêts!

CARNOT.

---

*Le citoyen Thuriot démontre aux Jacobins
qu'il a toujours été leur frère.*

Moniteur du 1 octobre 1793.

Mon existence politique n'est pas un pro-
blème; j'ai devancé même la révolution dans
les idées philosophiques et dans les opinions
politiques; j'ai rempli différens postes très-
révolutionnaires, où la confiance de mes concitoyens m'a appelé...... Un seul reproche que

4

l'on puisse me faire, c'est de n'avoir pas suivi
assez souvent les séances de la société des Jacobins ; mais cela même n'est-il pas assez péni-
ble pour moi, sans m'en faire un reproche ?....
Je puis affirmer que je n'ai eu aucune altercation
avec aucun des membres du Comité de Salut Public. Puisse la France entière redoubler de confiance dans ceux qui le composent! Je les ai
tous connus, *tous sont vertueux ;* et la ruine de
la France datera du jour où l'on cessera de leur
accorder celle qu'ils méritent par leur attache-
ment pour le peuple.

THURIOT.

---

*Anathème prononcé contre Louis XII, père
du peuple, par un Père de l'église.*

Moniteur du 3 août 1793.

Comme il ne faut pas accoutumer le peuple
même à l'idée d'un bon roi, je demande qu'on
supprime du discours de Barrère, l'exception qui
pourrait s'y trouver en faveur de Louis XII,
surnommé le *Père du peuple* : je pourrais vous
faire voir que ce prétendu bon père du peuple en a été le fléau.

GRÉGOIRE, *ex-évêque.*

Les Suspects.

Où étaient les citoyens suspects à la liberté ?
ils prenaient le costume des sans-culottes ; ils
inondaient les places publiques ; ils égaraient les
groupes de citoyens ; ils corrompaient l'esprit public ; ils correspondaient avec les puissances étran-
geres ; nobles, ils donnaient des secours aux émi-
grés ; fanatiques , ils recelaient les prêtres conspirateurs ; incrédules , ils se plaignaient sans cesse
de la perte de la religion ; aventuriers, ils se mas-
quaient en révolutionnaires ; étrangers , ils s'at-
tendrissaient en apparence pour la république ,
et la sapaient par leurs motions exagérées ; opu-
lens , ils recélaient avec un soin avare leur inutile fortune ; pauvres , ils se plaignaient sans cesse
et avec amertume du nouvel état de choses ; cita-
dins, ils tuaient l'esprit de la révolution en la mau-
dissant ; habitans des campagnes , ils égaraient l'a-
griculteur crédule, et décriaient les lois nouvelles ;
politiques , ils accusaient le gouvernement ; mar-
chands , ils s'engraissaient de la substance la plus
précieuse du peuple ; banquiers, ils avilissaient la
fortune publique et alimentaient nos ennemis ;
éloquens ils prêchaient le fédéralisme ; indifférens,
ils formaient l'apanage des contre-révolutionnaires
et présentaient à la liberté une nation étrangère

au milieu des Français ; écrivains périodiques, ils
corrompaient les sources de l'opinion ; lettrés,
ils pleuraient l'esclavage académique ; et stipen-
diaires du despotisme leur plume était paralysée
pour la liberté.

BARRERE

(Extrait du Rapport sur les moyens d'exécution
de la loi des Suspects. *V.* le Rapport de la Commission des vingt-un.)

Apologie des journées des 2 et 3 septembre.

Moniteur du 13 novembre 1792.

Le cri de l'humanité indignée et gémissante a
sans doute déjà prononcé sur les événemens
des 2 et 3 septembre....... Mais, je le crois, c'est
presque un crime envers la nation française de
penser que ces événemens n'appartiennent pas à
l'insurrection (1). Et d'abord, comment le mouvement terrible que le peuple de Paris avait dû
prendre pour briser les nouveaux fers qu'on
nous préparait avec tant d'art, comment ce
mouvement aurait-il pu être arrêté dans le

(1) On se rappelle que l'*insurrection* était alors regar-
dée comme un droit incontestable du *Peuple souverain.*
Il fallait donc, pour légitimer les exploits des Septem-
briseurs, établir qu'ils avaient été le *résultat* d'une *in-*
surrection.

court espace de quelques jours? La tempête qui devait épurer l'atmosphère de la France avait soulevé toutes les passions à de trop grandes profondeurs, pour que le calme pût sitôt renaître. Si ces affreux événemens n'ont pas été le produit de l'insurrection, comment donc n'ont-ils pas été prévenus, comment n'ont-ils pas été arrêtés, comment ne sont-ils pas déjà punis, comment tant de sang aurait-il coulé sous d'autres glaives que ceux de la justice, sans que les magistrats du peuple, sans que tout le peuple lui-même n'eût porté toutes les forces publiques aux lieux de ces sanglantes scènes?

Les glaives ne se promenaient pas entièrement au hasard, et les victimes les plus connues attestent qu'on cherchait ceux qui avaient voulu frapper eux-mêmes d'un coup mortel la liberté et les lois d'une grande nation. Ce trait, et c'est celui qui domine, est celui qui imprime leur vrai caractère à ces journées qui ont été *des prolongations des combats* de *la liberté avec le despotisme*.

Il est impossible de ne pas convenir que les prisonniers *délivrés* n'étaient pas les prisonniers de la ville de Paris, et que par conséquent la nation seule, même en insurrection, avait le droit de prononcer sur eux.

Mais ici encore se présente un autre principe très-délicat, très-difficile à circonscrire dans ses justes limites, mais qu'il faut pourtant reconnaître et peser, lorsqu'on veut travailler à l'édifice du véritable ordre social sur des vues un peu étendues. C'est que dans un empire dont le territoire est très-vaste, les habitans de la ville où siégent les pouvoirs constitués, quand ces pouvoirs veulent usurper évidemment la souveraineté nationale, ont, par la nécessité des choses, la représentation du droit insurrectionnel de la nation. Eh ! s'il en était autrement, la liberté qui, pour se sauver, n'a souvent qu'un jour, qu'une heure, qu'un moment, serait trop à la merci de tous ces usurpateurs. Comment une nation disséminée sur un territoire de vingt-cinq milles lieues carrées pourrait-elle voir le péril, se donner le signal, se rassembler, combattre et vaincre, dans le court instant qui lui est laissé pour son salut ? Et ce principe n'est pas ébranlé, parce qu'il est possible qu'une seule ville se soulève contre les lois comme contre l'usurpation, contre les fonctionnaires les plus dévoués à la nation, comme contre les tyrans; cela est possible sans doute; il n'est pas même impossible qu'une nation tout entière tombe dans ces fatales méprises. Mais c'est le sort de presque toutes les choses humaines, et surtout des insurrections, qu'on les fait à ses risques et périls. Si c'est une seule ville, elle en répond à la nation entière, qui peut la bénir ou la punir; si c'est une nation entière, comme elle n'a pas de juge légitime sur la terre, elle en répond à sa propre raison, à sa propre conscience, à la raison et à la conscience du genre humain; elle en répond à cette puissance éternelle à laquelle ne peuvent pas plus échapper les nations que les individus; à la nature, qui récompense la sagesse et la justice des peuples par leur bonheur; qui punit leurs erreurs, leurs folies et leurs crimes par toutes les calamités.

Ces considérations établissent que les événemens des 2 et 3 septembre sont dans l'insurrection et ne peuvent pas être vus et jugés hors d'elle. . . . .

. . . .

GARAT,
Représentant sous Napoléon.

MORCEAUX DIALOGUÉS.

Les maîtres de la République en goguettes.

Les citoyens Barrere, Robespierre, Saint-Just et Vilate dînaient ensemble chez un restaurateur. Vilate, juré au Tribunal Révolutionnaire, donnant à ses convives quelques détails sur le procès de la reine MARIE-ANTOINETTE, qui avait été jugée la veille, rapporta la réponse sublime que cette Princesse fit à ses juges, qui l'accusaient d'obscénités avec son fils, âgé de 11 ans : j'interpelle, les mères ici présentes, de déclarer s'il en est une qui n'ait pas à frémir de pareilles horreurs !

Robespierre, frappé de cette réponse comme d'un coup de foudre, casse son assiette, et s'écrie :

Cet imbécile d'Hébert ! . il faut qu'il en fasse une Agrippine, et qu'il lui fournisse, à son dernier moment, ce triomphe d'intérêt public.

BARRERE.

La guill..... a coupé là un puissant nœud de la diplomatie des cours de l'Europe.

Il s'engage alors une conversation politique très-animée entre les trois membres du Comité de Salut Public. Robespierre parle du grand nombre des ennemis de la révolution. Barrere comprend sous ce titre tous les nobles, tous les prêtres, tous les gens de robe et les médecins ; selon lui l'égalité demande leur mort. Saint-Just expose les bases de son discours sur la confiscation des biens des suspects.

Barrere reprend en ces termes :

Le vaisseau de la révolution ne peut arriver au port que sur une mer de sang.

SAINT-JUST.

C'est vrai : une nation ne se régénère que sur des monceaux de cadavres.

ROBESPIERRE.

J'aperçois deux écueils : l'effusion excessive du sang, qui révolterait l'humanité ; et l'indulgence qu'une fausse sensibilité conseille envers un petit nombre, au préjudice du bonheur de tous.

BARRERE.

Commençons par la Constituante, et les plus

marquans de la Législative; ce sont des décombres dont il faut déblayer la place.

(Extrait des Causes secrètes de la révolution du
9 thermidor, par Vilate).

L'Apostat.

Moniteur du 7 frmaire an 7.

Bonaparte et sa suite pénètrent dans la pyramide nommée Chéops. Après avoir passé plusieurs salles, ils arrivent dans la dernière; c'est là, qu'assis sur un bloc de granit, il s'entretient avec les Muphtis, Suleimam, Ibrahim et Muhamed placés à ses côtés.

BONAPARTE.

Dieu est grand et ses œuvres sont merveilleuses, voici un grand ouvrage de main d'hommes. Quel était le but de celui qui fit construire cette pyramide ?

SULEIMAM.

C'était un puissant roi d'Egypte dont on croit que le nom était Chéops, il voulait empêcher que les sacriléges vinssent troubler ses cendres.

BONAPARTE.

Le grand Cyrus se fit enterrer en plein air

pour que son corps retournât aux élémens, penses-tu qu'il ne fit pas mieux, le penses-tu?

SULEIMAN, (s'inclinant).

Gloire à Dieu, à qui toute gloire est due.

BONAPARTE.

Honneur à Allah. Quel est le calife qui a fait ouvrir cette pyramide et troublé la cendre des morts?

MUHAMED.

On croit que c'est le commandeur des chrétiens Mahmoud, qui régnait il y a plusieurs siècles à Bagdad, qui croyait y trouver des trésors.

BONAPARTE.

Le pain dérobé par le méchant remplit la bouche de gravier.

MUHAMED, (s'inclinant).

C'est le propos de la sagesse.

BONAPARTE.

Gloire à Allah, il n'y a pas d'autre dieu que dieu, Mahomet est son prophète et je suis de ses amis.

SULEIMAM.

Salut de paix sur l'envoyé de Dieu, salut

aussisur toi, invincible général, favori de Mahomet.

BONAPARTE.

Muphti, je te remercie, le divin Koran fait les délices de mon esprit et l'attention de mes yeux ; j'aime le prophète et je compte, avant qu'il soit peu, aller voir et honorer son tombeau dans la ville sacrée : mais ma mission est auparavant d'exterminer les Mameloucks.

IBRAHIM.

Que les anges de la victoire balayent la poussière sur ton chemin et te couvrent de leurs ailes. Le Mamelouck a mérité la mort.

BONAPARTE.

Il a été frappé et livré aux anges noirs Moukir et Quarkir. Dieu de qui tout dépend a ordonné que sa domination fût détruite.

SULEIMAM.

Il étendit la main de la rapine sur les terres, les moissons, les chevaux d'Egypte........

BONAPARTE.

Et sur les esclaves les plus belles, très-saint Muphti. Allah a desséché sa main. Si l'Egypte est sa ferme, qu'il montre le bail que Dieu lui a fait ; mais Dieu est juste et miséricordieux pour le peuple.

IBRAHIM.

O le plus vaillant entre les enfans d'Issa (1).
Allah t'a fait suivre de l'ange exterminateur pour
délivrer la terre d'Egypte.

BONAPARTE.

Cette terre était livrée à vingt-quatre oppresseurs rebelles au grand sultan notre allié (que
Dieu l'entoure de gloire) et dix mille esclaves
venus du Caucase et de la Géorgie ; Ariel, ange
de la mort, a soufflé sur eux , nous sommes venus et ils ont disparu.

MUHAMED.

Noble successeur de Scander, honneur à tes
armes invincibles et à la foudre inattendue qui
sort du milieu de tes guerriers à cheval.

BONAPARTE.

Crois-tu que cette foudre soit une œuvre des
enfans des hommes ? Le crois-tu ? Allah l'a fait
mettre entre mes mains par le génie de la guerre.

IBRAHIM.

Nous reconnaissons à tes œuvres Allah qui
t'envoie. Serais-tu vainqueur si Allah ne l'avait
permis ? Le Delta et tous les pays voisins retentissent de tes miracles.

(1) Jésus—Christ.

BONAPARTE.

Un char céleste montera par mes ordres jusqu'au séjour des Hourys, et la foudre descendra vers la terre, le long d'un fil de métal, dès que je l'aurai commandé.

SULEIMAM.

Et le grand serpent sorti du pied de la colonne de Pompée, le jour de ton entrée triomphante à Alexandrie, et qui est resté desséché sur le soc de la colonne, n'est pas encore un prodige opéré par ta main ?

BONAPARTE.

Lumières des fidèles, vous êtes destinés à voir encore de plus grandes merveilles ; car les jours de la régénération sont venus.

IBRAHIM.

La divine unité te regarde d'un œil de prédilection, adorateur d'Issa, et te rend le soutien des enfans du prophète.

BONAPARTE.

Mahomet n'a-t-il pas dit : « tout homme qui adore Dieu et qui fait de bonnes œuvres, quelle que soit sa religion, sera sauvé ?

SULEIMAN , IBRAHIM , MUHAMED , (ensemble).

Il l'a dit.

BONAPARTE.

Et si j'ai tempéré, par ordre d'en haut, l'orgueil du grand vicaire d'Issa en diminuant ses possessions terrestres pour lui amasser des trésors célestes, n'était-ce pas pour rendre gloire à Dieu dont la miséricorde est infinie ?

MUHAMED, (d'un air interdit).

Le muphti de Rome était riche et puissant ; mais nous ne sommes que de pauvres muphtis.

BONAPARTE.

Je le sais ; soyez sans crainte ; vous avez été pesés dans la balance de Balthasar et vous avez été trouvés légers. *Cette pyramide ne renfermait donc aucun trésor qui vous fût connu ?*

SULEIMAM, (les mains sur l'estomac).

Aucun, seigneur ; nous le jurons par la cité sainte de la Mecque.

BONAPARTE,

Malheur, trois fois malheur à ceux qui recherchent les richesses périssables et qui convoitent l'or et l'argent semblables à la boue !

SULEIMAM.

Tu as épargné le vicaire d'Issa et tu l'as traité avec clémence et bonté.

BONAPARTE.

C'est un vieillard que j'honore (que Dieu accomplisse ses désirs quand ils seront réglés par la raison et la vérité); mais il a le tort de condamner au feu éternel tous les musulmans, et Allah défend à tous l'intolérance.

IBRAHIM.

Gloire à Allah et à son prophète, qui t'a envoyéau milieu de nous pour réchauffer la foi des faibles et rouvrir aux fidèles les portes du septième ciel.

BONAPARTE.

Vous l'avez dit, très-zélés muphtis; soyez fidèles à Allah, le souverain maître des sept cieux merveilleux, à Mahomet, son vizir, qui parcourut tous les cieux dans une nuit. Soyez amis des Francs, et Allah, Mahomet et les Francs vous récompenseront.

SULEIMAM.

Que le prophète te fasse asseoir à sa gauche le jour de la résurrection après le troisième son de la trompette.

BONAPARTE.

Que celui-là écoute, qui a des oreilles pour

entendre. L'heure de la résurrection politique est arrivée pour tous les peuples qui gémissaient sous l'oppression. Muphtis, imans, mullahs, derviches, kalenders, instruisez le peuple d'E-gypte, encouragez-les à se joindre à nous pour achever d'anéantir les Beys et les Mameloucks, favorisez le commerce des Francs dans vos con-trées et leurs entreprises pour parvenir d'ici dans le pays de Brama. Offrez leur des entrepôts dans vos ports et éloignez de vous les insulaires d'Al-bion, maudits entre les enfans d'Issa : telle est la volonté de Mahomet. Les trésors de l'indus-trie et l'amitié des Francs seront votre partage, en attendant que vous montiez au septième ciel et qu'assis aux côtés des houris aux yeux noirs, jeunes et toujours pucelles, vous reposiez à l'ombre du taba, dont les branches offriront d'elles-mêmes aux rois musulmans tout ce qu'ils pourront désirer.

SULEIMAM.

Tu as parlé comme le plus docte des mullahs. Nous ajoutons foi à tes paroles, nous servirons ta cause, et Dieu nous entend.

BONAPARTE.

Dieu est grand, et ses œuvres sont merveil-leuses, salut de paix sur vous, très-saints muphtis.

LETTRES.

Lettre au citoyen Lebon, représentant du peuple à Arras.

Rapport de la Commission
des vingt-un.

Le comité de salut public, citoyen collègue, a transmis les détails intéressans que vous lui communiquez, au comité de sûreté générale ; c'est de lui que vous devez recevoir une réponse relativement à la masse des lettres. Nous vous observons que vous pouvez donner des ordres au tribunal criminel pour *l'évacuation des prisons.* Toutes les mesures *révolutionnaires* vous sont permises ou plutôt *commandées* par vos pouvoirs et par le salut de la patrie.

Salut et fraternité,

CARNOT.

1er frimaire an 2.

Lettre à Collot-d'Herbois.

Moniteur du 5 nivose an 2.

Et nous aussi, mon ami, nous avons contribué à la prise de Toulon, en portant l'épouvante parmi les lâches qui y sont entrés, en offrant à leurs regards des milliers de cadavres de leurs complices. La guerre est terminée si nous savons mettre à profit cette mémorable victoire. Soyons terribles pour ne pas craindre de devenir faibles; anéantissons dans notre colère, et d'un seul coup, tous les conspirateurs, tous les traîtres, pour nous épargner la douleur, le long supplice de les punir en *rois*. Exerçons la justice à l'exemple de la nature; vengeons nous en peuple, frappons comme la foudre, et que la cendre de nos ennemis disparaisse du sol de la liberté; que de toutes parts les perfides Anglais soient assaillis; que la république entière ne forme qu'un volcan qui lance sur eux la lave dévorante. Adieu mon ami : des larmes de joie coulent de mes yeux, elles inondent mon âme.

P. S. Nous n'avons qu'une manière de célébrer la victoire : nous envoyons, ce soir, deux cent cinquante rebelles sous le feu de la foudre.

Signé, Fouché.

Lettre à la Convention.

Moniteur du 23 frimaire an 2.

..... J'ai tendu mon large filet, et j'y prends tout mon gibier de guillotine..... La punition suivra le crime : les scélérats ne s'attendaient pas à être encagés ; patience, ça ira.. Je ne combats qu'avec les armes du peuple ; je méprise les prêtres, je ne les bats qu'avec le ridicule.

Signé, André Dumont,
préfet sous Napoléon.

Lettre à la Convention.

Moniteur du 4 frimaire an 2.

.....Convaincus qu'il n'y a d'innocent dans cette cité infâme, que celui qui fut opprimé ou chargé de fers par les assassins du peuple, nous sommes en défiance contre les larmes du repentir, rien ne peut désarmer notre sévérité...... Les démolitions sont trop lentes, il faut de moyens plus rapides à l'impatience républicaine. L'explosion de la mine et l'activité dévorante de la flamme peuvent seules exprimer la toute-puissance du peuple. Sa volonté doit avoir les effets du tonnerre.

Signé, Fouché.

Lyon, 26 brumaire an 2.

Lettre à la Convention.

Moniteur du 13 frimaire an 2.

Nous vous envoyons le buste de Chalier et sa tête mutilée ; lorsqu'on cherchera à émouvoir votre sensibilité, découvrez cette tête aux yeux des hommes pusillanimes, rappelez-les par ce langage énergique à la sévérité du devoir......... Les rois punissaient lentement parce qu'ils étaient faibles. La justice du peuple doit être aussi prompte que l'expression de sa volonté......... Nous ne vous parlerons pas des prêtres, ils n'ont pas le privilège de nous occuper en particulier..... Ils dominaient la conscience des peuples, ils sont complices de tout le sang qui a été versé : leur arrêt est prononcé.

Nous saisissons chaque jour, de nouveaux trésors, il y a ici beaucoup d'or et d''argent.

Signé, Fouché.

Lyon, 5 frimaire an 2.

Lettre à la Convention.

Moniteur du 27 frimaire an 2.

Notre pensée, notre existence sont fixées tout entières sur des ruines, sur des tombeaux, où nous sommes menacés d'être ensevelis nous-mêmes, et cependant nous éprouvons de secrètes satisfactions, de solides jouissances. La nature reprend ses droits, l'humanité nous semble vengée, la patrie consolée et la république sauvée, assise sur ses véritables bases, sur les cendres de ses lâches assassins. Ah! si une sensibilité aussi mal conçue que dénaturée n'égarait la raison publique, ne paralysait quelquefois le bras nerveux qui est chargé de lancer la foudre populaire, si la justice éternelle n'était retardée dans son cours par des exceptions....... Si une sainte et courageuse proscription contre tous les oppresseurs était prononcée avec la même énergie dans toute la république, nos infâmes ennemis tourneraient contre eux-mêmes leurs poisons, leurs poignards; ils s'anéantiraient de leurs propres mains. Nous devons donner un témoignage public d'estime aux travaux assidus de la commission que nous avons établie......... C'est en présence du peuple, sous les voûtes de la nature qu'elle rend la justice, comme le ciel la rendrait lui-même. La terreur, la salutaire terreur est à l'ordre du jour; elle comprime les efforts des méchants, elle dépouille le crime de ses vêtemens et de son or.

Signé Fouché.

Lettre à la convention.

Moniteur du 20 pluviose an 2.

C'est à tort qu'on pense nous faire l'honneur d'un sursis, nous n'en avons point accordé.

Notre confiance est sans bornes et sans réserve dans l'austère probité des tribunaux, et nous n'oublierons jamais les principes à ce point, de croire que nous ayons le droit de suspendre le cours de la justice, (1) on cherche envain, de toutes les manières, à intéresser notre sensibilité, à affaiblir l'énergie de notre caractère ; nous nous enveloppons avec la patrie, nous resterons forts et impassibles avec elle.

Signé, Fouché.

(1) La lettre suivante prouve incontestablement que le citoyen Fouché ne l'a jamais suspendu :

Au citoyen Gravier.

Frère et ami,

Encore des têtes et chaque jour des têtes tombent. Quelles délices tu aurais goûtées, si tu eusses vu, avant hier, cette justice nationale de deux cent neuf scélérats! Quelle majesté! quel ton imposant! tout édifiait. Combien de grands coquins ont ce jour-là mordu la poussière dans l'arène des Breteaux! Quel ciment pour la république.... Quel spectacle digne de la liberté! En voilà cependant déjà plus de cinq cents : encore deux fois autant y passeront sans doute, et puis ça ira.

Salut et fraternité.

Achard, membre de la Commission
temporaire de Lyon.

27 frimaire an 2.

Lettre au citoyen Lebon sur l'amnistie de 1791, en date du 26 brumaire an 2.

Rapport de la Commission
des vingt-un.

Le Comité de Salut Public, citoyen collègue, vous observe qu'investi de pouvoirs illimités, vous devez prendre dans votre énergie toutes les mesures commandées par le salut de la patrie.

Continuez votre attitude révolutionnaire : l'amnistie prononcée lors de la constitution Capétienne et invoquée par tous les scélérats, est un crime qui ne peut en couvrir d'autres.

Les forfaits ne se rachètent pas contre une république. Ils s'expient sous le glaive. Le tyran l'invoqua, le tyran fut frappé.

Vous pouvez, vous devez même faire acquitter par la trésorerie les frais de voyage des députés qui sont venus dénoncer les projets des fédéralistes.

Les dénonciateurs ont bien mérité de la nation.........

Secouez sur les traîtres le flambeau et le glaive.

Marchez toujours, citoyen collègue, sur la

ligne révolutionnaire que vous suivez avec courage (1).

Le comité applaudit à vos travaux.

Salut et fraternité.

CARNOT.

Lettre à la Convention.

Moniteur du 19 février 1794.

Nous vous rendons compte chaque jour de nos opérations : elles ne cesseront d'être la conséquence rigoureuse des principes qui vous ont dicté le décret énergique que vous avez rendu contre Lyon. Ils sont dans une correspondance intime avec la résolution forte que le peuple a manifestée par votre organe, de faire servir cette ville rebelle d'exemple à toutes les communes qui voudraient imiter sa criminelle audace, et d'offrir à la postérité le tableau effrayant de ses vastes ruines comme le témoignage le plus terrible de la colère républicaine et du pouvoir démocratique.

FOUCHÉ.

(1) Le Lecteur pourra se convaincre par la réponse suivante que Lebon fit au citoyen Carnot, que l'exécution des mesures arrêtées par le Comité de Salut Public ne pouvait être confiée en de meilleures mains. « Je m'attendais à votre réponse, citoyen collègue, et dejà dix-« neuf têtes sont tombées dans le Pas-de-Calais. »

Signé, LEBON.

Extrait d'une lettre au citoyen Lebon,
écrite en brumaire an 2.

> Rapport de la Commission
> des vingt-un.

Le comité de salut public applaudit aux mesures que vous avez prises : il vous observe que les autorisations que vous demandez sont surabondantes. Toutes ces mesures sont non seulement permises, mais *commandées* par votre mission ; rien ne doit *faire obstacle à votre marche révolutionnaire,* abandonnez-vous à votre énergie, vos pouvoirs sont illimités. Tout ce que vous jugerez convenable au salut de la patrie, vous pouvez, vous devez le faire sur-le-champ.

Nous vous adressons un arrêté du comité de salut public, qui étend votre mission aux départemens voisins.

Armé de ces moyens et de votre énergie, continuez à reverser sur eux-mêmes les projets des ennemis de la république.

CARNOT.

A la Convention nationale.

Moniteur du 27 mars 1795.

. . . .

Vous devez de grands éloges aux administrations ; elles ont pris tous les moyens pour assurer la tranquillité.

Déjà les prêtres et les nobles sont enfermés ; on en fait autant à l'égard des personnes suspectes (c'est ainsi qu'on appelle les modérés) sitôt qu'ils tiennent quelques propos. Le peuple demande avec instance une prompte justice des conspirateurs qui sont dans les prisons ; *il craint de voir échapper ses grands coupables.*

FOUCHÉ,
En mission dans le département
de Maine-et-Loire.

———

Au citoyen Joseph Lebon.

Le fanatisme s'agite dans la commune de l'Ambre, la superstition lui prépare des armes ; le mal est encore à sa source, sache l'arrêter ; étudie le peuple, il sent le besoin d'instruction, il profitera de tes lumières. Assure-toi de ceux qui l'égarent ; *arrête et frappe.*

BARRERE.

Paris, 1er ventose an 2.

Rapport de la Commission des 21.

———

Nous croyons faire plaisir à nos Lecteurs en insérant ici la lettre suivante, que Raynal écrivit, en 1791, à l'Assemblée constituante ; ils y verront avec quelle indignation ce dieu des novateurs repoussait l'encens qu'ils lui offraient, et combien il était affligé des conséquences qu'on tirait de ses principes.

Moniteur du 2 juin 1791.

. . . . J'ose depuis long-temps parler aux rois de leurs devoirs, souffrez qu'aujourd'hui je parle au peuple de ses erreurs, et à ses représentans des dangers qui nous menacent. Je suis, je vous l'avoue, profondément attristé des crimes qui couvrent de deuil cet empire. Serait-il donc vrai qu'il fallût me rappeler avec effroi que je suis un de ceux qui en éprouvant une indignation généreuse contre le pouvoir arbitraire, ont peut-être donné des armes à la licence ? La religion, les lois, l'autorité royale, l'ordre public, redemandent-ils donc à la philosophie, à la raison, les liens qui les unissaient à cette grande société de la nation française, comme si en poursuivant les abus, en rappelant les droits des peuples et les devoirs des princes, nos efforts criminels avaient rompu ces liens ? Mais non, jamais les conceptions hardies de la philosophie n'ont été présentées par nous comme la mesure rigoureuse des actes de la législation. Vous ne pouvez nous attribuer sans erreur, ce qui n'a pu résulter

que d'une fausse interprétation de nos principes.
Et cependant, prêt à descendre dans la nuit du
tombeau, que vois-je autour de moi ?...... La
consternation des uns, la tyrannie et l'audace
des autres, un gouvernement esclave de la
tyrannie populaire, le sanctuaire des lois envi-
ronné d'hommes effrénés, qui veulent alter-
nativement ou les dicter ou les braver, des
soldats sans discipline, des chefs sans autorité,
un roi, le premier ami de son peuple, plongé
dans l'amertume, outragé, menacé, dépouillé
de toute autorité, et la puissance publique
n'existant plus que dans les clubs......... Telle
est la situation de la France. Un autre que moi
n'oserait peut-être vous le dire, mais je l'ose,
parce qu'en gémissant sur l'état de désolation où
est l'église de France, on ne m'accusera pas
d'être un prêtre fanatique ; parce qu'en regar-
dant comme le seul moyen de salut le rétablissement de l'autorité légitime, on ne m'accusera
pas d'en être le courtisan ; parce qu'en attaquant
les citoyens qui ont perverti l'esprit public par
leurs écrits, on ne m'accusera pas de méconn-
naître le prix de la liberté de la presse........ Mes
yeux se sont remplis de larmes, quand j'ai vu
le saint nom de patriotisme prostitué à la scélératesse et la licence marcher en triomphe sous
les enseignes de la liberté........ J'ai frémi surtout lorsqu'en observant dans sa nouvelle
vie ce peuple qui veut être libre, je l'ai
vu méconnaître les vertus sociales, l'humanité, la justice, seules bases d'une liberté
véritable........ Ah ! combien je souffre lorsqu'au

milieu de la capitale, et dans le sein des lumières, je vois le peuple séduit accueillir avec
une joie féroce les propositions les plus coupables, sourire au récit des assassinats, chanter
ses crimes comme des conquêtes; il ne sait pas,
ce peuple, qu'un seul crime est la source d'une
infinité de calamités. Je le vois rire et danser
sur les bords de l'abîme qui peut engloutir même
ses espérances........ Appelés à régénérer la
France, citoyens représentans, vous deviez
considérer d'abord, ce que vous deviez con-
server de l'ordre ancien, et de plus ce que vous
ne pouviez en abandonner. La France était une
monarchie; son étendue, ses besoins, ses mœurs,
l'esprit national s'opposent invinciblement à ce
que jamais les formes républicaines puissent y
être admises, sans opérer une dissolution dans
l'empire. Le pouvoir monarchique était vicié
par deux causes; les bases en étaient entourées
de préjugés, et ses limites n'étaient marquées
que par des résistances partielles. Epurer les
principes en asseyant le trône sur sa véritable
base, la souveraineté de la nation, poser ses
limites en les plaçant dans la représentation nationale, était ce que vous aviez à faire...... Vous
deviez voir que dans l'opinion, le pouvoir dé-
cline et les droits des peuples s'accroissent;
ainsi en affaiblissant sans mesure ce qui tend
naturellement à s'effacer, en fortifiant dans sa
source ce qui tend à s'accroître, vous arrivez
forcément à ce résultat : un roi sans autorité,
un peuple sans frein....... Comment après avoir
déclaré le dogme de la liberté des opinions re-

ligieuses, souffrez-vous que des prêtres soient accablés de persécutions et d'outrages? Comment n'êtes-vous pas épouvantés de l'audace et du succès des écrivains qui profanent le nom de patriote?........ Vous voulez la liberté du peuple, et ils veulent faire du peuple le tyran le plus féroce! vous voulez régénérer les mœurs et ils commandent le triomphe des vices et l'impunité des crimes!...... La fortune publique est encore dans vos mains, mais croyez bien qu'il n'y a ni impôts, ni crédit, ni recettes, ni dépenses assurées, là où le gouvernement n'est ni puissant, ni respecté. Vous avez détruit les corporations, et la plus colossale de toutes les aggrégations s'élève sur vos têtes, et menace de dissoudre tous les pouvoirs...... La France entière présente deux tribus très-prononcées, celle des gens de bien, classe d'hommes muets et consternés maintenant, tandis que des hommes violens forment un volcan redoutable........... L'Europe étonnée vous regarde; l'Europe, qui peut être ébranlée par la propagation de vos principes, s'indigne de leur exagération; n'aspirez pas au funeste honneur de vous rendre redoutables par des innovations immodérées, aussi dangereuses pour vous-mêmes que pour vos voisins; voyez combien d'empires ont péri par l'anarchie. Il est temps de faire cesser celle qui nous désole, d'arrêter les vengeances, les séditions et les émeutes, et de nous rendre enfin la paix et la confiance. Pour arriver à ce but salutaire, vous n'avez qu'un moyen, de confier au roi toute la force nécessaire pour assurer la

puissance des lois........ de veiller surtout à la
liberté des assemblées primaires, dont les factions ont éloigné tous les citoyens vertueux et
sages. Croyez-vous que le rétablissement du
pouvoir exécutif puisse être l'ouvrage de vos
successeurs ? Non; ils arriveront avec moins
de forces que vous n'en avez........ Vous avez
posé les bases d'une constitution raisonnable
en assurant au peuple le droit de faire des lois
et de statuer sur l'impôt. L'anarchie anéantira
ces droits eux-mêmes, si vous ne les mettez
sous la garde d'un gouvernement actif et vigou-
reux, et le despotisme vous attend, si vous ne
le prévenez par la protection tutélaire de l'autorité royale.

FIN.

ADRIEN ÉGRON, IMPRIMEUR,
DE S. A. R. MONSEIGNEUR, DUC D'ANGOULÊME,
rue des Noyers, n°. 57.

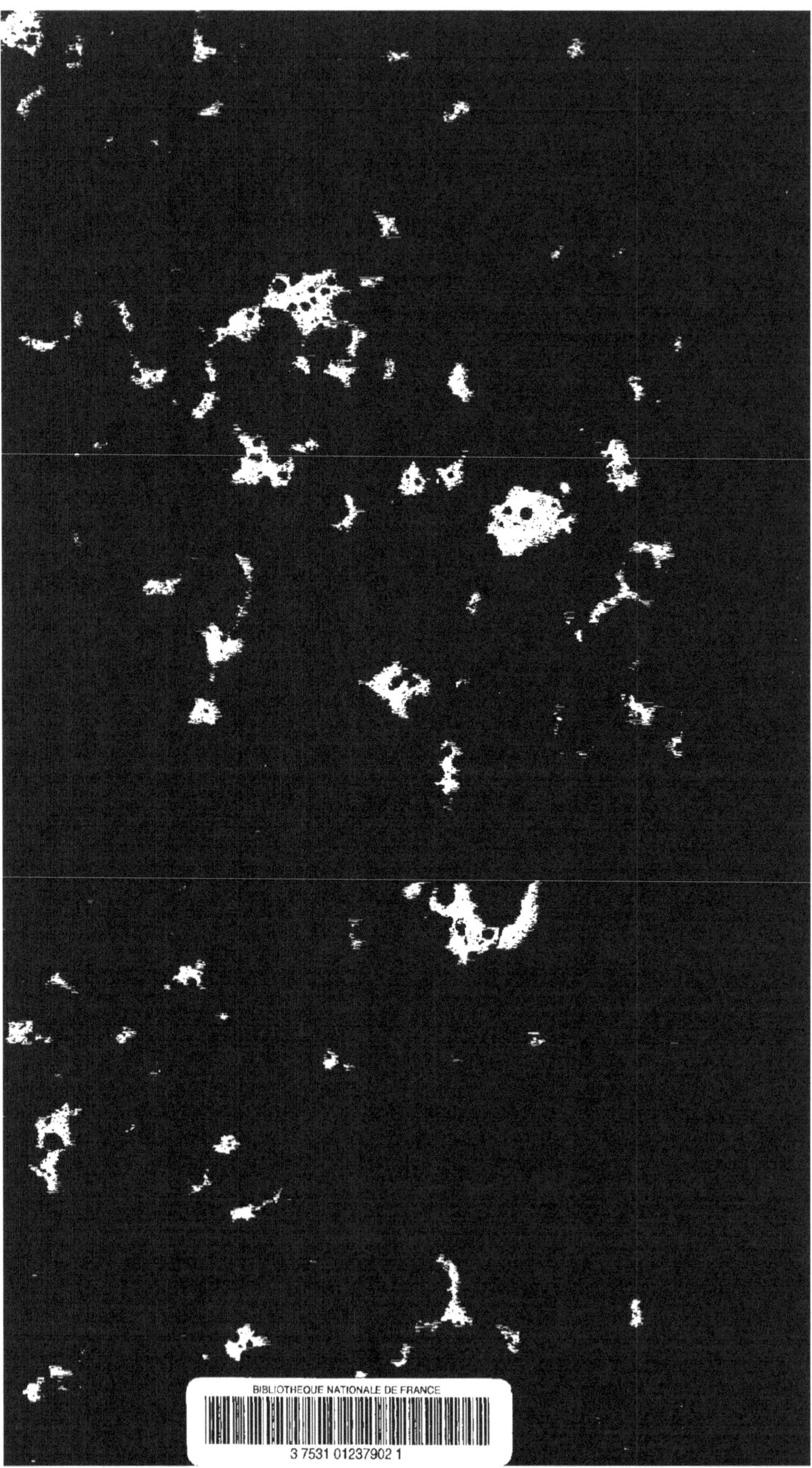